ほんごうの
経営ノート2025

CFOの時代の到来!

TOHOSHOBO

【目次】

【はじめに】

▼時流を知らないとビジネスに遅れを取る

昔学んだ「時流」についてのメモがありました。
「経営原則から見た時流の大事さについて述べておきたい。
経営原則に、『経営体が伸びるためには、一番になるか、時流に合わせることである。
一番になると時流に合わなくとも伸びるし、時流に合うと一番でなくとも伸びる。
もし一番で時流に合えば急伸する』という重要則がある」

▼まさに時流は、黒子が主役になる時代

『CFO思考　日本企業最大の「欠落」とその処方箋』（徳成旨亮著、二〇二三年、ダイヤモンド社）がベストセラーになったのは、二〇二三年から二四年にかけてです。その著者の徳成旨亮《とくなりむねあき》さんは、なんと、ニコンの社長になりました（二〇二四年四月就任）。

番頭と呼ばれ、常に黒子の存在である財務責任者がトップになったのです。

私たち会計人にとっても朗報です。経理の責任者は、特に大企業では、トップになれませんでした。ずっと黒子、脇役の座に甘んじてきましたからね。

でも環境が変化すれば、脇役が主役になる時がしばしばあります。

例えば、今は、金融が経済を動かしています。

▼脇役の金融が主役

二〇二四年八月五日の日経平均株価は四四五一円安となりました。これは一九八七年一〇月二〇日（一〇月一九日のアメリカのブラックマンデー翌日）の三八三六円安を暴落幅で超え、過去最大でした。

専門家のコメントを見ますと、「日銀総裁の利上げのコメントで円高に転じたため、株価が大暴落した」としています。

「理屈は後で宅急便」のような気がしますが（笑）、でも、株のシロートの私でも、こんなことはリアルの経済では説明できません。

金融が実体経済を動かしていると考える方が、私はハラオチします。

経済の血液と言われた脇役の金融がもう主役となり、リアル経済が脇役、主役逆転していいます。

▼ブラックマンデーの思い出

私は、若い時に経験したブラックマンデーをよく覚えています。

日本経済の絶頂期に起こった出来事で、次の日買いだな？　と思ったら、すぐリカバーしました。

その時、有名なアメリカの経済学者ポール・サミュエルソン（Paul Samuelson）（ノーベル

経済学賞受賞）がその暴落の原因を聞かれて、次のように言ったのを今でも覚えています。

「俺は知らん！　これは経済学でなく心理学の問題だ。私の領域ではない」

空売りなど、リアル経済を超え、金融の世界が巨大でなければ、こんなに乱高下はしませんよね。

▼ヘッジファンド

今回の暴落は、ヘッジファンドの空売りが原因と言われています。

そのヘッジファンド市場の規模は、「二〇二四年に四・七四兆米ドル（一五〇円換算で、七一一兆円）に達し、その後三・一四パーセントのＣＡＧＲ（年平均成長率）で成長して、二〇二九年までに五・四七兆米ドルに達する」と予想されています（ネットより）。

これを見ても、経済の主役はもはや金融です。

▼バランスシートエコノミーの時代

この『経営ノート』でもしばしば触れてきましたが、バランスシート（貸借対照表・ＢＳ）がプロフィットアンドロスステートメント（損益計算書・ＰＬ）を動かしている時代です。

M&A戦略が経営の成長戦略の要になったように、バランスシート戦略も経営において重要になりました。

ですから、経営者、または企業自体が、金融を無視して行動ができない時代になりました。

▼バランスシート経営の時代元年

エコノミーがバランスシート中心になれば、世の経営者もバランスシートを軸とした経営に重点を移行するのは必然です。

私はいい加減ですから、今年は、資産運用立国宣言を契機に、「バランスシート経営元年」と名付けてみました。

▼ＣＦＯが主役に

そして、バランスシート経営の時代は、主役がＣＦＯになります。

単純に財務を専門にするだけでなく、収益に貢献するＣＦＯがこれからの主流ではないでしょうか？

ＣＦＯは、金庫番の番頭を超えて、文字通り、収益に貢献できるポジションを獲得できます。

近い将来、ＣＦＯが主役の経営の時代が来る！

この仮説で、『経営ノート２０２５』は、突き進みます（笑）。

間違ったら、ごめんね。

ということで、**今年は、ＣＦＯを取り上げてみました。**今年でこの経営ノートも、一五冊目です。

毎年お付き合い頂きます読者の方々、今年もよろしくお願いいたします。

東峰書房の出口雅人さんには、お世話になりました。

企業評価を教えてくれた弊社グループのＦＡＳのメンバーのみなさん、この場をお借りして御礼いたします。

二〇二五年二月　　本郷孔洋

第１章
経営トレンド考

1

企業は金融で呼吸する時代

▼ウィーンは歌で呼吸している

「ウィーンは歌で呼吸している」と言います。

米ドル金融化経済のビジネスにおいては、企業は、金融で呼吸しなければなりません。

あなたの会社の金融酸素は足りていますか?

足りなかったら、金融で呼吸する場所に転地を考えてください。

そんな酸素の足りない高地なんかで頑張らないで金融酸素のある場所に降りていらっしゃい。

▼偉大な経営者は奪う

「優れた芸術家は模倣し、偉大な芸術家は盗む」
"Good artists copy. Great artists steal."
これはピカソ（Pablo Picasso）の有名な言葉です。
偉大な経営者がリアルビジネスだけでなく、金融ビジネスも奪う時代になるかもしれません。

2 アメリカ化（金融化）元年

▼みんなで渡ればこわくない

タイムマシン経営というのが一時流行りました。アメリカのトレンドは必ず遅れて日本に来ます。

もう二〇年以上前になりますでしょうか？

当時アメリカで急成長していた会計事務所を訪問して、パートナーに話を聞いた経験があります。

「これからは、M&Aです」

と、そのパートナーは、教えてくれました（後日談ですが、その会計事務所は逆にM&Aされて、今はありません）。

今では日本の会計業界もＭ＆Ａが当たり前になりましたね。
もちろん、いろんな業界で、アメリカのタイムマシン経営が当たり前です。
ところで、近年の特徴は、金融のアメリカ化です。
「金融のアメリカ化」という視点で見ますと、興味深いことが起こっています。

米ドル一強時代です。

私たちも米ドルとの向き合い方は、経営の重大課題となりますね。

▼「米金融所得最高 五四〇兆円」

こんな記事が出ていました（『日本経済新聞』、二〇二四年八月二三日朝刊）。

利子収入の伸びが大きく、日本の金融所得の四〇倍だといいます。

この差を埋めるのも、日本の金融経済への移行次第ではないでしょうか。

3 経営の「仁義なき戦い」が始まった！

深作欣二監督の『仁義なき戦い』。

知ってる人は少なくなりましたが、遅れてくること五〇年、経営も「仁義なき戦い＊1」が始まりました。

日本企業同士、「同意なき買収」（敵対的ＴＯＢ＊2）が、経営雑誌の特集を組むほどに多くなりました。

例えば、第一生命のような日本の株式会社の象徴とも言える会社が、事前合意のないまま後出しじゃんけんのＴＯＢを仕掛けました（ベネフィット・ワンの買収）。

日本の金融化は、実は、経営の「仁義なき戦い」の始まりでもあります。

＊1仁義なき戦い……社会における道徳やしきたりを無視して繰り広げられる抗争。また、一九七三年に公開の映画『仁義なき戦い』（深作欣二監督）が大ヒットし、シリーズ化された。

＊2敵対的ＴＯＢ……対象の会社の同意を得ないで買収を仕掛けること。

▼政策保有株の売却

日本市場特有の株式持ち合い、政策保有株の売却も進んできました。

これだって安定株主がなくなるわけですから、アクティビストの餌食になる可能性が大きくなります。

M＆Aを加速させる契機にもなり、政策保有株の売却は、「仁義なき戦い」の呼び水にもなります。

メディアは、「資本コストや時価総額を意識した経営の要請」などとあおっておりますが、当事者は実に大変です。

4 時価総額を上げないと、日本企業はみんな買われちゃう！

▼**資産運用会社、ブラックロック（BlackRock）**

ブラックロックは、世界一キャッシュリッチな会社です。

この会社のキャッシュで、東証全銘柄が買えます。トヨタが何社も買えるキャッシュフローがあります。

天に唾する話をして恐縮ですが、豊田自動織機をＴＯＢしちゃえば、日本の代表選手トヨタだって手に入ります。

図 1　世界・日本の資産運用会社の運用資産額と東証・トヨタ自動車の時価総額

	世界 / 会社名	国名	運用資産額（兆円）
1	BlackRock	アメリカ合衆国	1,573
2	Vanguard Group	アメリカ合衆国	1,351
3	Fidelity Investments	アメリカ合衆国	720
4	State Street Global	アメリカ合衆国	649
5	J.P. MorganChase	アメリカ合衆国	538
6	Goldman Sachs Group	アメリカ合衆国	442
7	UBS	スイス	412
8	Capital Group	アメリカ合衆国	398
9	Allianz Group	ドイツ	386
10	Amundi	フランス	354

	日本 / 会社名	運用資産額（兆円）
1	三井住友トラストグループ	142
2	三菱 UFJ フィナンシャル・グループ	124
3	日本生命保険	93
4	野村アセットマネジメント	83
5	第一生命ホールディングス	72
6	アセットマネジメント One	72
7	農林中金全共連アセットマネジメント	62
8	信金中央金庫	50
9	明治安田生命保険	49
10	住友生命保険	41

会社名	時価総額（兆円）
トヨタ自動車	50

東証 / 市場	時価総額（兆円）
プライム	915
スタンダード	28
グロース	7
合計	950

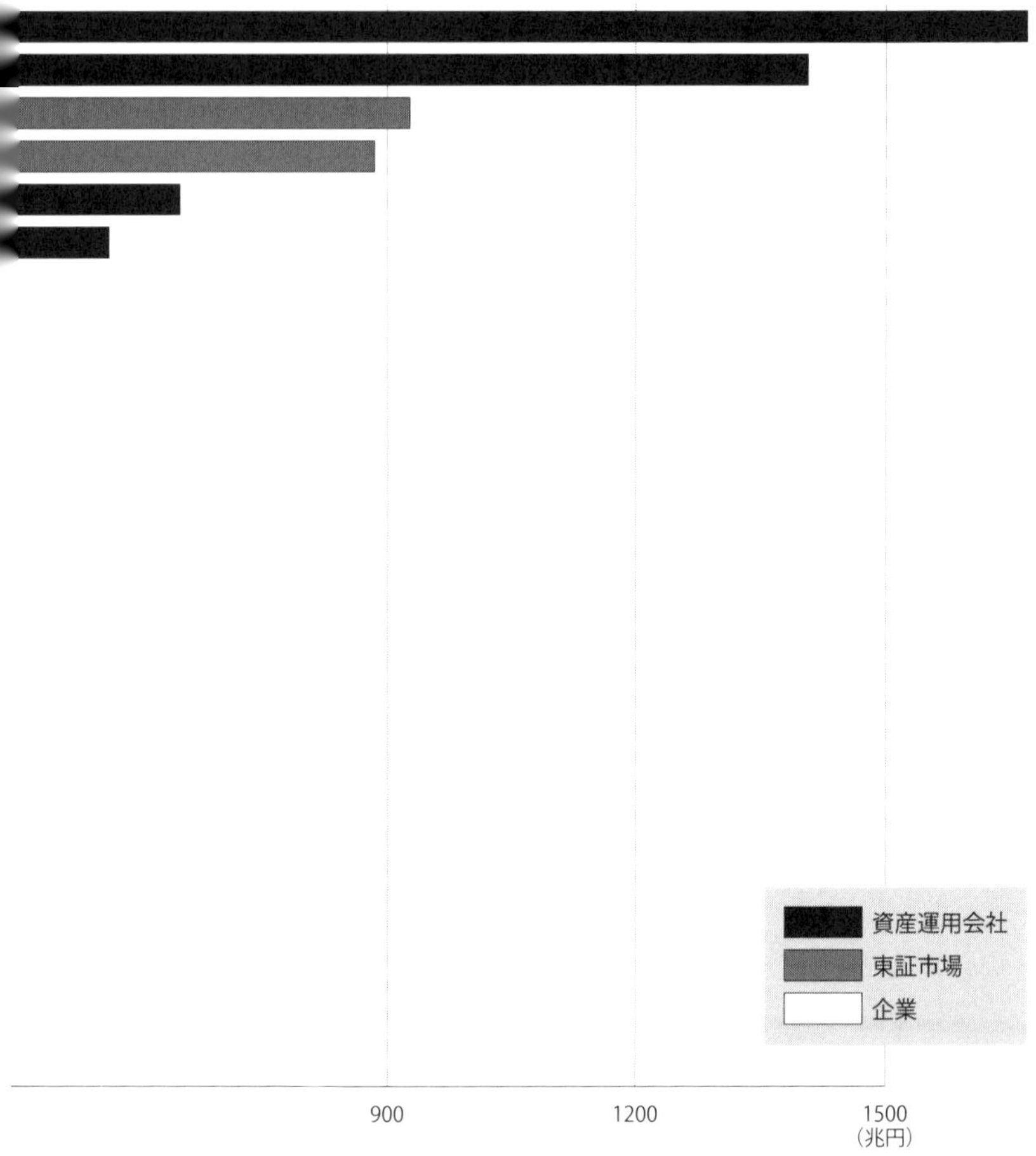
資産運用会社
東証市場
企業
900
1200
1500
(兆円)

図２　資産運用会社の運用資産額と東証・トヨタ自動車の時価総額の比較

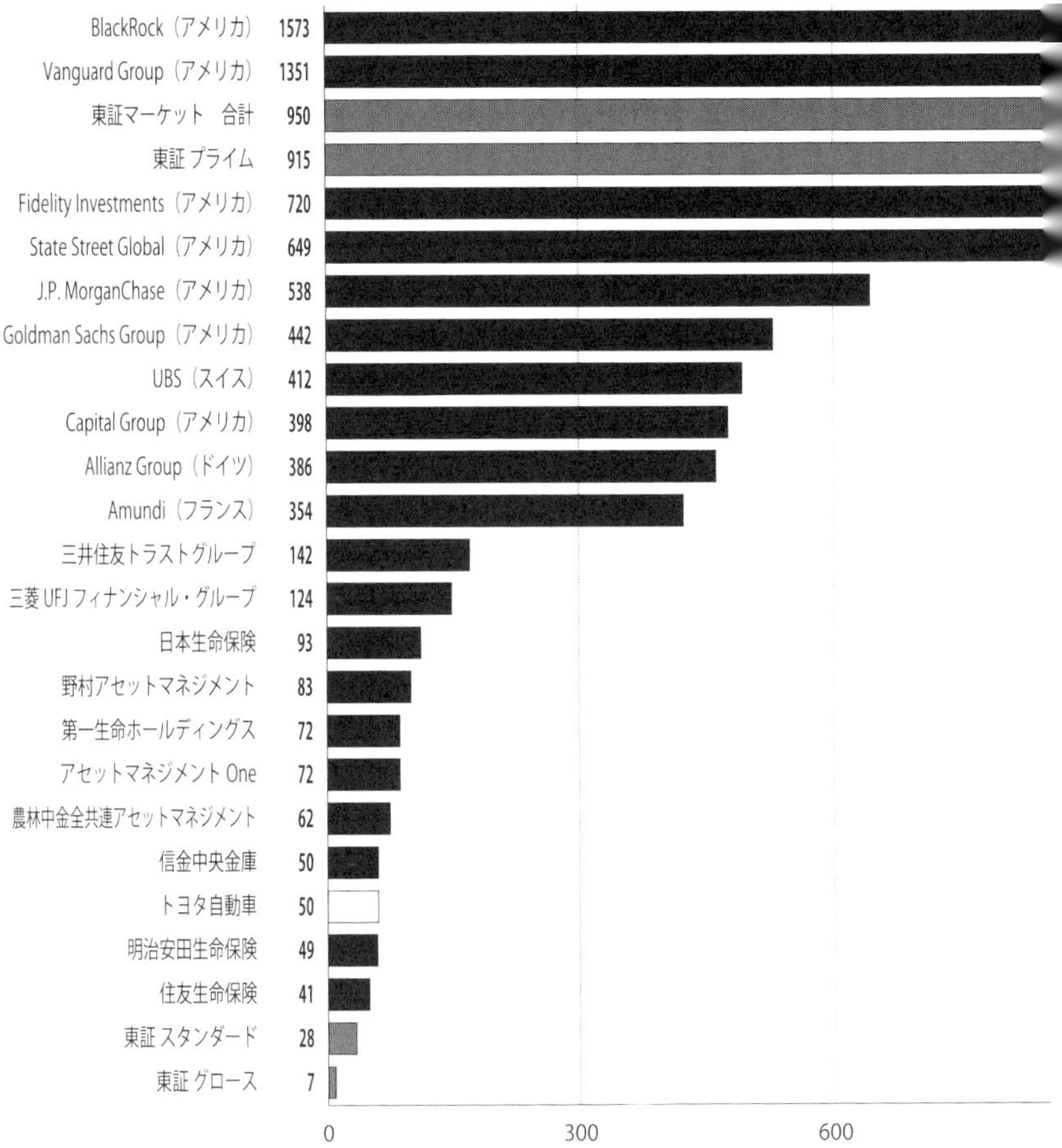

図１および図２の出典
1. 各社の運用資産額は Thinking Ahead Institute の "The world's largest 500 asset managers" を参照、2024 年 10 月公表
2. トヨタ自動車の時価総額は 2024 年 12 月末時点
3. 東証時価総額は東京証券取引所「その他統計資料」を参照。2024 年 9 月末時点
4. 為替換算レートは 1USD=157.16 円。小数点以下は四捨五入

▼札束でホッペタを引っ叩かれる

国力を上げる議論はかしましいですが、手っ取り早い最短距離は、金融でアップさせることです。

ノルウェーのソブリンファンドのような日の丸ファンドを立ち上げ、国庫予算の一割でも稼げるように成長すれば、日本の景色が変わります。

年金積立金管理運用独立行政法人ＧＰＩＦ（Government Pension Investment Fund）＊の資産運用の実績を見れば、国だって当然できます。

＊ＧＰＩＦ……日本の公的年金の積立金の管理・運用を行う独立行政法人のことで、なんと世界最大の年金基金であり、その運用資産総額は二五四兆七〇二七億円（二〇二四年度第一四半期末現在）にもおよびます！

収益率　＋四・四七パーセント

収益額　＋一六二兆七七〇八億円

5 ファンドvsファンド

リアル経済の戦いは企業間の競争でした。

でも今や、ファンドvsファンドの戦いが主戦場になりました。

これだって、金融経済の証左でもあります。

▼ＭＢＯの主役もＰＥファンド

上場会社の未上場化ブームが続いています。

その仕掛け人は、ＰＥファンド＊です（当たり前ですが、オーナー一族だけではＭＢＯ資金を出せません）。

お助けマンは、リアルの事業家ではなく、ＰＥファンドです（「ベネッセＨＤやスノーピー

クなども　ファンドが仕掛ける非上場ブーム」、『日経ビジネス』、二〇一四年五月二〇日号、日経ＢＰ）。

＊ＰＥファンド……プライベートエクイティ（Private Equity）ファンド。ＭＢＯ資金の供給元。

▼攻めるもファンド

一方、もの言う株主（アクティビスト）も主役はファンドです。

上場会社の経営陣を悩ますのも、もの言うファンドです。

では、それを嫌ってＭＢＯを指向しますと、それの手助けは、実はＰＥというわけです。

結局、ファンドとファンドの戦いなんですね。

リアルビジネスあってのファンドですが、主役逆転です。

これを見ても、主役交代が顕れています。

6 インフレトレンドは日本のアメリカ化

▼増収と言って喜んではいけない、「インフレ下」の増収

これからは、インフレ時代が続きますね。

なので、増収と言って喜んではいけません。

デフレ時代の増収は、ホントに増収でした。

でも、インフレ下の増収は、インフレ率をかさ上げして前年比の成長を考えなくてはなりません。

アバウトですが、前年比×1・2は、欲しいところです。

▼人も金も大都会へ

都市化は、アメリカ化というよりグローバルスタンダード化です。人も金も都会化してきました。

Ⅰ．転入増が続く大都会

コロナ後、テレワークで地方回帰が話題でしたが、それでも、大都会へは転入増が続いています。

東京だけでなく、大阪、福岡でも同じです（「学者が斬る・視点争点　転入超で独り勝ち続く東京」、松浦司著、『週刊エコノミスト』、二〇二四年五月一四日・二一日合併号、毎日新聞出版）。

Ⅱ．お金も都会へ

相続が発生するたびに、相続資産の地方から三大都市圏への移転増加が進みます。

親が地方、子が都市部に住む場合、相続後は、相続資産（動産）が移転します（「使い切れないなら「相続」「贈与」　資産を子に残す最適解」、小林義崇著、『週刊東洋経済』、二〇二四年四月二七日・五月四日合併号、東洋経済新報社）。

Ⅲ．ビジネスも都会へ

近未来を考えますと、毛沢東理論を待つまでもなく、地方から都会へのビジネス展開は不可欠です。

例えば、東京は、少子化、高齢化とは無縁です。

地方の大豪族と威張っていてはいけません。

今、経営状態の良い地方企業は、是非、将来を見据えて、東京へのビジネスでの進出を検討してください。

▼売買のアメリカ化：家族以外は、全部売り物

大分前の話です。

元野村証券で後藤光男《ごとうみつお》さんという方がおりました。

私も多少面識がありましたが、ともかく才人でした。

後藤さんは、日本のM＆Aの草分けでもあります。M＆Aの歴史をたどり、未来を展望した人でもありました（一九八八年一〇月野村企業情報株式会社社長就任。この会社は日本で最初のM＆Aの会社）。

後藤さんの講演で、印象に残っているのは、「なんでも持ちたがる日本人、家族以外なんでも売りたがるアメリカ人」でした。

でも今はどうでしょうか？

「なんでも、売りたがり、なんでも買いたがる日本人」です。

何度も言います。M＆Aは、PL戦略ではありません。

財務戦略、まさしくバランスシートの戦略です。

蛇足です。

あるセミナーで、「家族以外は全部売り物」という話をしましたら、質問タイムで、「家族も

売れますか？」という質問がありました。

答えは……？

▼経済のアメリカ化・ブロック化：物価は安くならない

Ⅰ．物価変動の未来は、物価高

大きな流れでとらえますと、インフレが続きます。

フレンドリーエコノミーの時代です。

仲良し同士で商売する。これでは、経済は小さくなります。

東西冷戦ほど大きくはありませんが、流れは、ブロック経済化です。これもアメリカの主導で始まりました。

「先端技術を中国に渡すな！」

このキーワードで始まったブロック化は、既存のサプライチェーンをズタズタにしました。

すると、当たり前ですが、インフレの加速です（ファーウェイの最新のスマホモデルも秀逸です。全部、半導体まで中国産のスマホを作りました。中国だって、決して侮れません）。

Ⅱ．分断化、保護貿易、規制強化

分断化（戦争）、保護貿易（ブロック化）、規制強化（政府介入強化）。

これが、今の時代のキーワードです。

コストプッシュインフレ、政府の債務が増大すること等も、これは、歴史から見ると、今の時代（二〇二一年以降）では必然なんです。

『物価変動の未来　人口と社会の先を見晴らす』（平山賢一著、二〇二三年、東峰書房）を読むと、よくわかります。

歴史は、デフレ、インフレのブーメランです。

しばらくは、経済のアメリカ化、ブロック化、そしてインフレが続きます。

▼戦略のアメリカ化

Ⅰ．従来の延長線上の戦略は？

経済が、デフレからインフレに変わる時、どの方向を目指すのか？

戦略次第で将来の成長が決まります。

従来の延長線上では、図が描けません。

従来の現場発想の戦略では、成長戦略が取れないのです。

Ⅱ．欧米と日本の成長に差がついた原因

名和高司氏（京都先端科学大学教授）は「未来をつくる「思考の転換」可能性を最大化するテクノロジーとの向き合い方」（『週刊東洋経済』、二〇二四年五月一八日号、東洋経済新報社）で次のように述べています。

・欧米…演繹《えんえき》＊１型の思考

創造的破壊で次々に新陳代謝をすることをいといません。なるはずだという仮説をたてて、実行するため、創造的であります。

・日本…現場からものを見るとか、帰納＊２的に思考する傾向が強い

今のものを維持させながら進化を目指すので、安定的で確かではあるものの、進化に時間がかかります。

＊１　演繹……演繹法はルールや法則に基づく物事に当てはめて結果を導き出すもの。

＊２帰納……帰納法は複数の事実や事例から共通点を導き出し、一般論となる結論にたどり着く方法。（ネットより）

これは、鳥の眼、虫の眼でも表現できます。

鳥の眼の鳥瞰図が得意な欧米、虫の眼である現場が得意な日本。それともう一つ、柔軟に水を泳ぐ魚の眼、これも必要です。

日本の魚は、ちと、俊敏性がいまいちです（後述：41頁・柔軟な対応の米国、死ぬほどやめない日本）。

7　金融政策はアートだ！

▼そして柔軟性

Ⅰ．見せ方が大事

「アベノミクス異次元緩和の検証で、すでに白川総裁（当時）が「異次元緩和」を用意していた」

「でも、発信力が弱く、白川総裁は、金融政策に消極的な印象をもたれている」

「政策は内容だけでなく、見せ方も大事、つまり、金融政策はアートということになろう」

経済学はもはや心理学であり、アートでもあります（「異次元緩和の一〇年　評価と課題」、中里透著、『景気とサイクル』、第七六号、二〇二三年、景気循環学会）。

Ⅱ．柔軟な対応の米国、死ぬほどやめない日本

うらやましいと思うのは、ＦＲＢ（Federal Reserve Board= 米連邦準備制度理事会）の柔軟性と対応力です。

迅速に、柔軟に、場面場面で対処します。利上げと思ったらすぐ利上げ、利下げと思ったらすぐ利下げします。

一方、日銀はどうでしょうか？　時間がかかります。一度決めると、死ぬほど、変えません。こんなに変化の激しい時代、変化する経済には、もう少し、柔軟な対応ができないのかな？　と、いつも思うんですね。

Ⅲ．法律が通らないと何もできない

余談ですが、消費税でも、日本は法律が通らないと、何もできません。

欧米では、付加価値税（消費税）は、経済の変化で柔軟に上下させます。

景気の善し悪しで、消費税は柔軟に対応するために、行政当局の判断にゆだねた方が、私は、いいと思うんですが……。

法律マターですと、政局にも左右されかねません。

金融政策

8 三つの資本主義

Ⅰ．今世界には三つの資本主義があると言われています。

「1つは米国による市場主導の規制モデル、

もう1つは中国の国家主導モデル、

そしてEUの権利主導モデル」

以上、「デジタル覇権主義の行方　「マーケット主導の米国モデルは限界に」」（『週刊東洋経済』、二〇二三年一二月二三日・三〇日合併号、東洋経済新報社）より。

たしかに、EUは「ブリュッセル効果*」で、SDGsからiPhoneの初期化まで規制していますので、世界の旗頭の一つです。

Ⅱ．私が考える三つの資本主義は、

アメリカ　金融資本主義
中国　　独裁資本主義
ＥＵ　　コンプラ資本主義

日本の、社会主義的資本主義も捨てがたいですけどね。

でも、日本のアメリカ化が進むと、日本も富が偏り、貧富の二極化が広がるのは問題かな？

＊ブリュッセル効果……ＥＵの本拠地のブリュッセルをもじって、ブリュッセル効果と言います。ＥＵがグローバルな市場に対する規制を作り一方的なパワーを持つことによって、世界への存在感を示しています。

▼資産運用立国を目指す

キシダノミクスの目玉は、「資産運用立国」でした。資産運用で所得を倍増させようという狙いで、私個人的には、いいな！　と思っていたのですが、思ったより評価されませんでした。

アメリカに遅れること三〇年、いわば「投資敗戦国」だった日本を「資産運用立国」にするのですから、まさに「霞が関、史上最大の作戦」（『「投資敗戦国」を返上せよ　霞が関、史上最大の作戦の舞台裏」、『日経ビジネス』、二〇二四年一月一五日号、日経ＢＰ）です。

日本の金融資産二〇〇〇兆円突破などとホニャホニャしていたんですが、アメリカはもっと伸びて、いつのまにか二倍の差になりました。

図３　日本と米国の家計金融資産（１人当たり）の推移

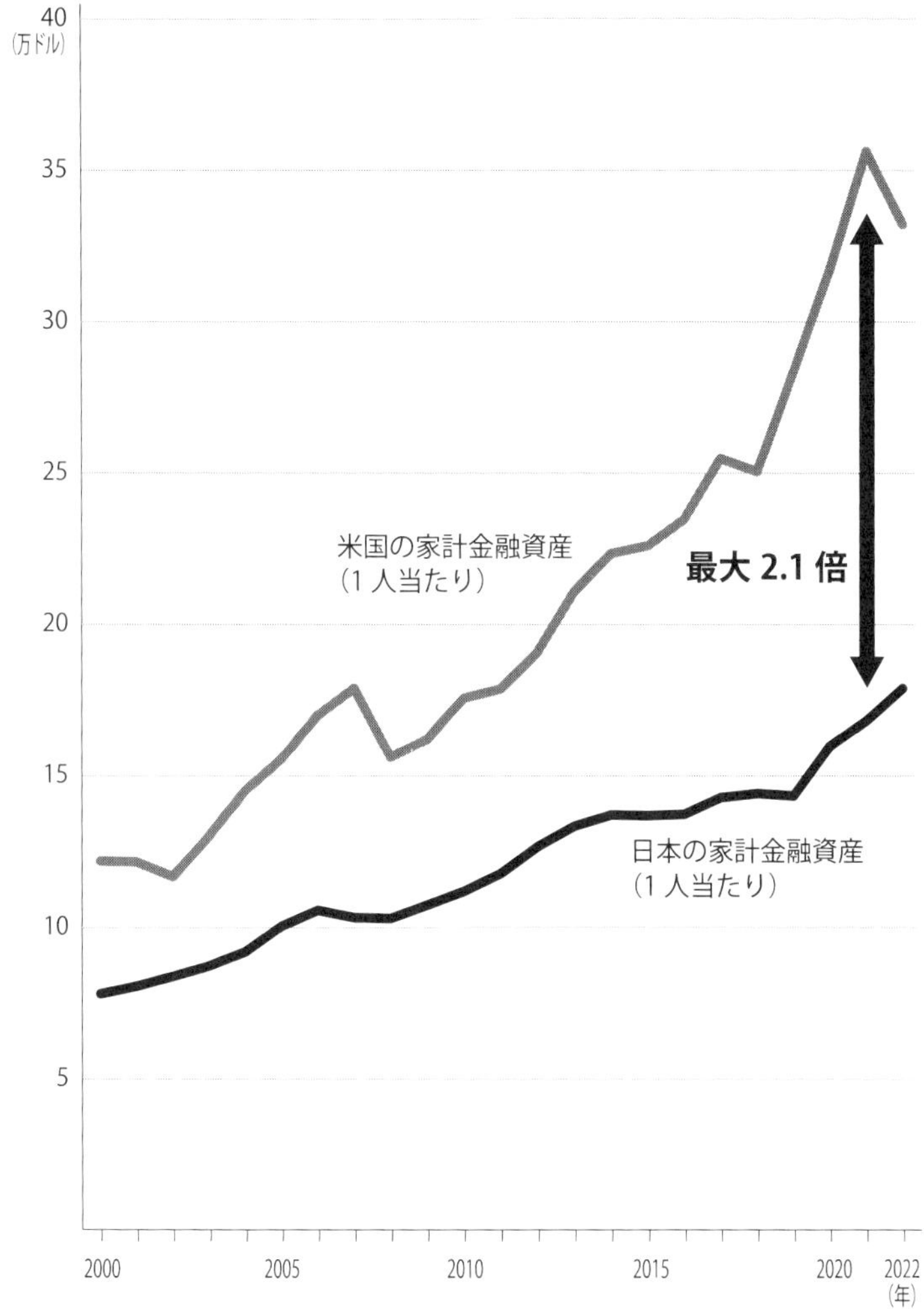

出典：OECD（経済協力開発機構）の「Household financial assets」を基に作成

図 4　日米英の家計金融資産割合の比較

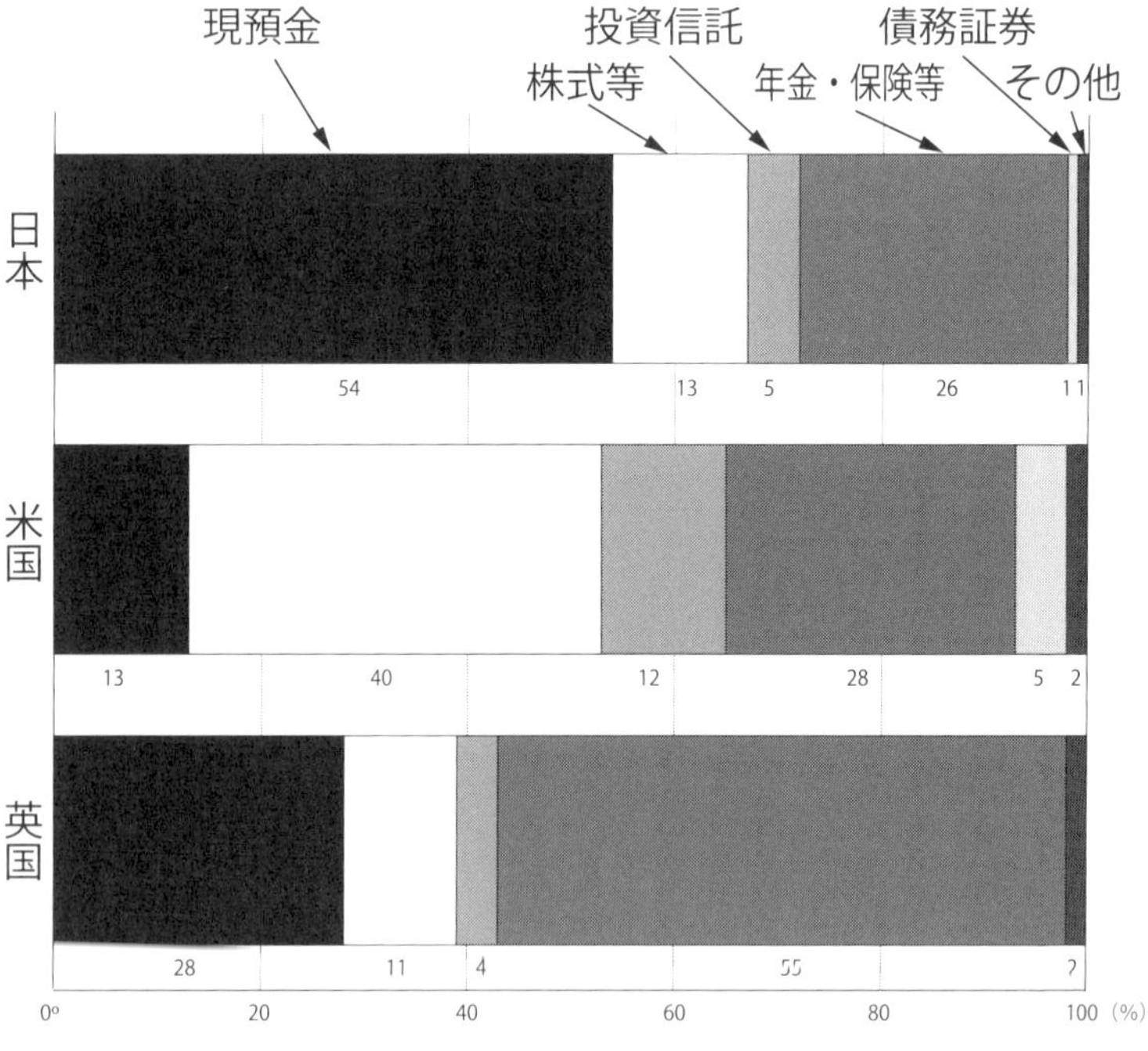

出典：金融庁「家計金融資産ポートフォリオの各国比較」を基に作成

「資産運用業の高度化は、資産運用立国を実現させるために欠けていたラストピース（last piece）＊」（越智隆雄氏、前衆院議員）

私も越智さんとは面識がありますが、いいこと言いますね。

＊ラストピース（last piece）……問題解決への最後の鍵。（ネットより）

具体的に次のようにも言っています。

Ⅰ．新規参入の促進

・業務管理部門の外部委託や運用権限の全委託を可能にする
・金融・資産運用特区のパッケージを二〇二四年夏に公表

Ⅱ．運用力の底上げ

・大手銀行や保険会社などに体制強化プランの公表を要請
・アセットオーナー向けの共通原則を二〇二四年夏をめどに策定

Ⅲ．年金改革
・確定給付企業年金（ＤＢ）と企業型確定拠出年金（ＤＣ）の運用状況を可視化
・小規模ＤＢの共同運用事業に対する参加促進

でも、問題は、当然、実践力ですね。

▼岸田前内閣の経済政策

岸田前内閣の経済政策にはいくつかの重要な柱がありました。岸田文雄内閣は、二〇二一年一〇月に発足して「新しい資本主義」を提唱し「新ＮＩＳＡ」も実現させました（私は、いいなと思ったんですが、残念ながら、評価されず、政治と金で沈んでしまいましたね）。

1．「新しい資本主義」：岸田内閣は、「新しい資本主義」を掲げ、経済成長と分配の両立を目指しました。具体的には、経済成長を促進しながら、所得の分配を改善することです。これには、企業の利益の社会還元、労働者への賃上げ、社会保障制度の強化などが含まれます。

2. 資産運用立国推進（前述）↓資産形成の支援：個人や家庭の資産形成を支援するため、投資や貯蓄を奨励する政策。積み立てＮＩＳＡ（少額投資非課税制度）の拡充などが挙げられます。

3. 金融市場の活性化：日本の金融市場の活性化を図り、国内外の投資家を引きつけるための取り組みが行われています。これには、金融商品やサービスの多様化、投資信託やＥＴＦ（上場投資信託）などの普及促進が含まれます。

4. 資本市場利用の促進：企業が資本市場を利用しやすくするための政策も進められています。これには、上場企業の増加を促進するための規制緩和や、企業の資金調達の選択肢を広げるための制度改革が含まれます。

5. 資産運用の専門家の育成：資産運用に関する専門知識を持つ人材の育成も重視されています。

私事ながら、弊社もファミリーオフィスを創設し、専門家を育成します……。

▼日本市場の時価総額を上げないと、アクティビストの餌食に

アクティビストの投資額は、「年間十兆円」を超えると言います。イベント・ドリブン＊と呼ばれる投資戦略が極めて有効なことが、アクティビストを強く日本に惹きつけている要因と言われています。

争いは、国際的に日本はヘタクソですものね。

＊イベント・ドリブン（Event Driven）……個別企業にとって重要な出来事（コーポレートイベント）を利用して収益を得る投資戦略を指します。例えば、M＆Aなどの大きなイベント発生に乗じて、サヤを取る手法のことです。

▼狙われたセブン＆アイ↓競争力は時価総額！

あのセブンイレブンが、狙われました。カナダに本社のあるクシュタール（Couche-Tard）というコンビニの世界的企業です。

クシュタールは、地盤の北米や戦略地域として位置づける欧州のチェーンへ積極的に買収を仕掛けて大きくなった会社です。

財務やオペレーションが、絶対、上ですが株価の低迷するセブン&アイは、時価総額を拡大させてきたクシュタール社経営陣には、割安に映ったんでしょうね。

これを見ても、企業の競争力は財務内容より、時価総額次第といえます。

24

第2章
リーダーの養成はアスリートに学べ！

1 金融化経済対応型リーダーの模索

私の経験則ですが、サービス化社会、そして、金融型経済は、リーダー次第です。

もちろん、製造業でもリーダーの善し悪しは重要ですが、サービス化、金融化の社会は、よりリーダーの腕の差で勝負が決まります。

いくら優れた経営計画、戦略を練っても、実践するリーダー次第で、善し悪しが決まるということです。

▼リーダー養成は、スポーツ界に学べ！

いかにいいリーダーを養成するか。

これが、企業間の競争力の格差になると私は信じています。

この項では、リーダーとそのフォロワーの養成について触れてみます。

なんといっても、今、注目すべきは、日本のアスリートの強さです。

逆に、それをまねて、尖ったリーダーづくりに挑戦する方がいいのでは、そう考えると、経営は今、スポーツ界の後塵を拝しています。

その自覚と認識こそ、大事ではないか？

リーダー養成は、スポーツ界に学べ！

▼ビジネスは、スポーツに負け、ＤＸ化も遅れを取っている！

個人の意見ですが、いつのまにか、ビジネス界が、スポーツ界に随分遅れをとっているな？

最近、ひしひしと感じます。

また、ＤＸ化も議論だけが先行し、どうも実践力では、インスタグラムをやっている若い人たちの方がよっぽど使いこなしているんではないでしょうか？

▼ザ・リーダー

昔、『ザ・ガードマン』＊という人気のテレビドラマがありました。

今のセコム（SECOM）やアルソック（ALSOK）をモデルとし、当時圧倒的な人気番組でした。

「ザ」をつけて「ザ・ガードマン」にしたのがヒットの要因ではないか？　なんて私は個人的に妄想していますが……。

ですから、次世代は、リーダーでなく、「ザ・リーダー」でいきたいと思っています。

＊『東京警備指令 ザ・ガードマン』……TBSで一九六五年四月から一九七一年一二月にかけて延べ六年九か月にわたり、毎週金曜二一時三〇分～二二時三〇分に放送されたテレビドラマです。（ネットより）
若い時でしたが、私も毎週観ていました。主演の宇津井健さんが、やたら格好良かったのを覚えています。

THE

2

アスリートから学ぶ、リーダーシップ・組織・パフォーマンス

前述したように、私がいつも思っていることは、大谷翔平を待つまでもなく、なんで日本人のアスリートがこんなに世界で活躍することができるのか？　ということです。

その思いは、パリオリンピックを観て頂点に達しました。

メダルラッシュでしたものね。

これを、リーダーを養成することと重ね合わせて考えてみました。

まず、なぜ強くなったのか。その要因を列挙します。

▼なぜ強くなったのか？

・マインド…屈辱からの出発

九〇年代のスポーツ界の不振。

この熱い思いからの、再生でした。

最近のビジネス界は、なんか、このマインドとか情熱が欠けているような気がします。

・支援体制…ナショナルトレーニングセンターの設立

オリンピックと同じ環境の施設↓練習環境をすべて国際規格に合わせる

昔、ＰＬ学園が甲子園の常連時代、練習場を甲子園球場そっくりに作り、そこで練習させた、という記事を読んだ記憶があります。

その時、「他校は、甲子園では勝てないな」と思ったことを思い出しました。

・組織力…監督、コーチが一体となって同じ目標に向かう

・育成システム…多様な才能の発掘と育成

「ＪＯＣエリートアカデミー事業」↓ジュニアの発掘

・選手がグローバルチームで活躍↓一流選手を見てきている

・外国人コーチの積極的活用↓水泳は、日本人だけでやっているのでダメ

・情報力の強化↓どうしたら高得点が取れるかベンチマークを設定

・科学的トレーニングとテクノロジーの活用

・競争、競争、競争、そして、新陳代謝
・アスリートのメンタル面の強さ↓自己実現欲求の強さ？　モチベーションの高さ＊

＊モチベーションの高さ……私の個人的意見ですが、昔の世代は（昭和世代？）、貧しいが故の、生理的欲求で動いていました。みな一斉に頑張るんですが、飯が食えるようになりますと、満足して何もやらなくなりましたね。「衣食足りて礼節を知る」人も少なかった。

どちらかというと、「衣食足りて、スケベーになった」かな（笑）。

今は、自己実現欲求で動いてますから、キリがない。

これからは、こう言う自己実現欲求の強い、尖った人たちをどれだけ雇用できるかが、企業成長戦略の要です。

9

図5　マズローの欲求5段階説

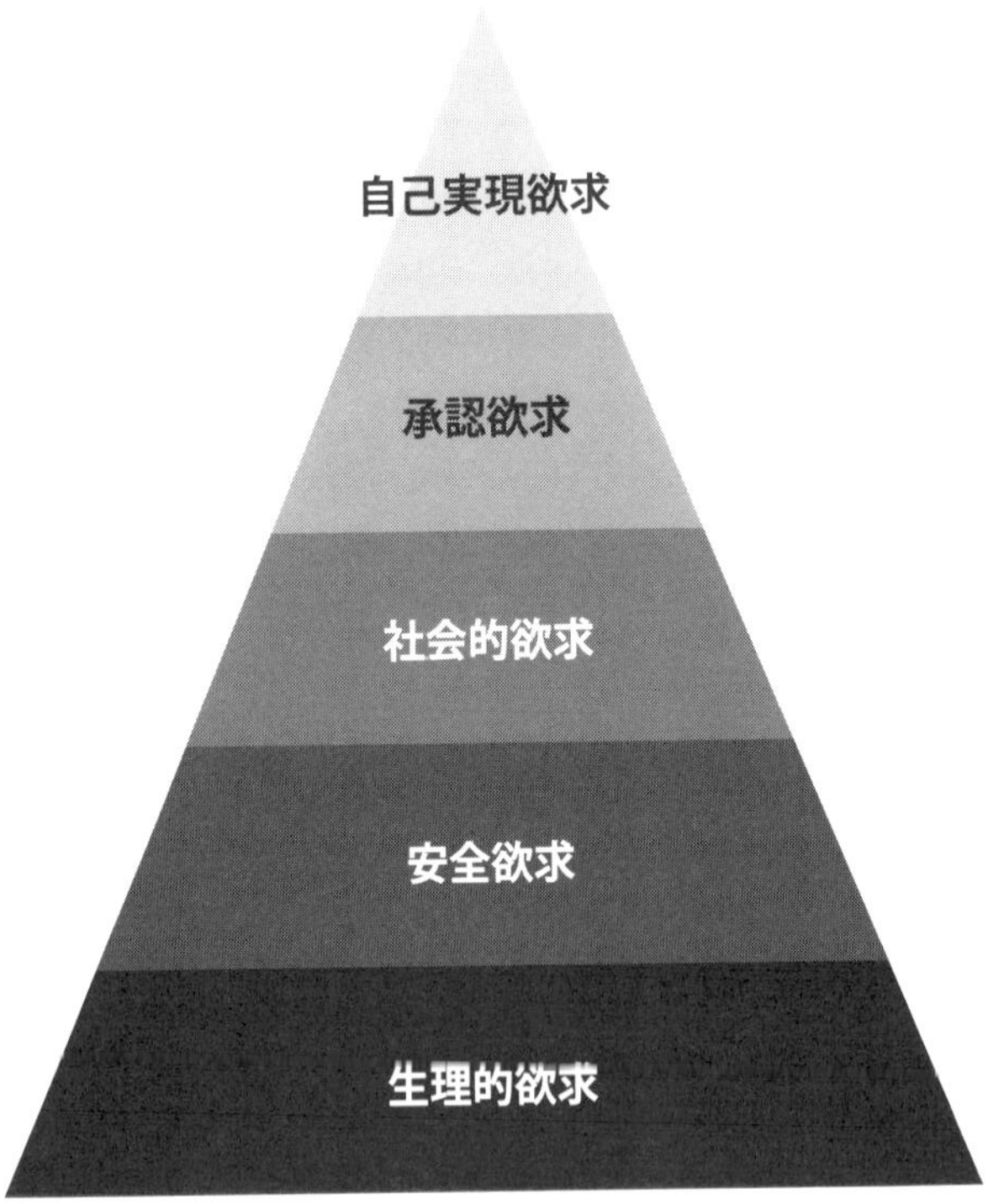

▼経営にその仕組みを取り入れる

尖ったスタッフの発掘↓リーダー育成↓サービス化社会

金融化時代はリーダー次第↓優れたリーダーの数と企業成長性が比例

リーダー養成に企業の経営資源を徹底的につぎ込みます。

自前主義を捨て、優秀な外部人材にお願いするのをいとわないでください。

リーダーは、学習だけでなく、実践でも鍛えます。そして、実績の検証（パフォーマンス）、評価、報酬の体系を作ります。

3 成長したいならジャンプに学べ

一方、少年ジャンプについても学びたいですね。

・『週刊少年ジャンプ』　一〇九万三三三三部
（二〇二四年四月～六月、日本雑誌協会調べ）
・『週刊少年マガジン』　三二万三二五〇部
（二〇二四年四月～六月、日本雑誌協会調べ）

漫画誌の両巨頭に差がついているのには、訳があります。

▼少年ジャンプに見る↓友情、努力、勝利ではなく、競争、競争、競争

漫画の一強は、少年ジャンプです。

ジャンプがヒットを連発できる秘訣は〝仕組み〟にあるといいます。

競争競争、そして競争で、新人のマンガ家でも良ければすぐ掲載されるし、また実績があっても、面白くないと、すぐ降ろされる。

ジャンプの強さはこの仕組みにあるといいます（「『ジャンプ』がヒット連発できる秘訣は〝仕組み〟」、『東洋経済オンライン』、二〇二四年七月一一日、https://toyokeizai.net/articles/-/771617）。

▼二つの方針

ジャンプには二つの方針があります。

・一つ目「新人主義」

・二つ目「アンケート重視」

有力作家の作品でも、不人気だとシビアに打ち切るシステムを確立しています。

これらが競争と新陳代謝を促し、長きにわたって大型ＩＰ（Intellectual Property＝知的財産）

を創出し続ける原動力となっています。

また、漫画の良し悪しは「面白さ」と「うらやましさ」の二軸で形成されるのだとか（齊藤優編集長）。

▼スタートアップ企業は、ジャンプをロールモデルに！

既存の企業がこのようなシステムをすぐ導入するのは無理ですが、スタートアップなら？ジャンプモデルをまねることができますね。

昔、急成長した社長に聞いた言葉を思い出します。

「一生懸命走って、後ろを見たら、誰もいなかった」

でも、今の若い世代は、コンセプト次第で、自己実現を目指してついてきます。

▼スタートアップ企業の最強の組み合わせ

「ジャンプの仕組みと優れたＣＦＯ」

これは、これからの上を目指すスタートアップ企業の最強の組み合わせ！

▼尖って抜けてるリーダーとスタッフの要請

大ヒット絵本『パンどろぼう』（柴田ケイコ著、二〇二〇年、ＫＡＤＯＫＡＷＡ）（シリーズ累計発行部数四〇〇万部）のヒットの原因は、「性格が悪く、抜けている」と言います（テレビ東京『新美の巨人たち』）。

顔も「四角」！

アンパンマンが、曲線で「丸い」のと対照的です。

尖る時代？

「強烈な持ち歌のある歌手と何でも歌える歌手を前にした時、審査員の採点はどうしても前者に重くなる」

こんな言い伝えもありますしね。

個性的で、尖っているリーダーとスタッフの養成が要請されます。

4　ビジネスモデルの考案をザ・リーダーとそのフォロワーでやらせる

▼既存事業の呪縛

社内ベンチャーがうまくいかないのは、新規事業の質より内部要因、つまり経営資源が既存事業でいっぱいで、新規事業に振り向けられないことが主要因の場合が多々あります。

その解決には、「ビジネスモデルの開発が突破口となりうる」（「学者が斬る・視点争点　新事業を成功させる意外な突破口」、岸本太一著、『週刊エコノミスト』、二〇一四年六月二五日号、毎日新聞出版）のです。

▼事例は、野村不動産の「ＰＭＯ事業」

同記事では、ビジネスモデルがありきで成功した例として、野村不動産の「ＰＭＯ事業」を取り上げています。

しかも、ボトムアップで開発されました。

「これは、研究会から発足し、当社の中核事業に育てあげた」（同記事）、としています。

▼是非、社員発のビジネスモデルを！

昔、私が関与していた当時一世を風靡した会社で、若い人から「次これやりたい」という意見が次々に出たのに、それらの提案は、トップの「小さい」の一言で日の目を見なかった、という経験を思い出しました。

でもそのうちのいくつかは、やれば、次の飯の種になるアイデアだったなー、と今でも思い出します。

5 組織はコンサル型に！

なぜコンサル会社が成長するのか？

・AI、DXの進歩が、コンサルを標準化する
・B（FOR）Bの時代
・実践型コンサルの時代

（「特集 コンサル大解剖」、『週刊ダイヤモンド』、二〇二四年六月二二日号、ダイヤモンド社）

▼一気通貫型V戦略系

コンサル会社は実行支援や実装などへとシフトしています。

そのため、コンサルの中でも、かつては花形だった戦略系より総合系の方が高い成長率を示

しています。

Ⅰ．組織は分権化

そして、組織の分権化、権限移譲は不可欠です。もともと、分権化は、「成長性」を促進します。

一方で集権化は、成長性より、主に収益性に寄与します（『戦略本社のマネジメント　多角化戦略と組織構造の再検討』、上野恭裕著、二〇一一年、白桃書房）。

Ⅱ．新組織

業種別組織↓ワンプール制＊

私は、このワンプール制に注目しています。あまりキチキチに組織をタイトにせず、すぐ隣に応援にいける体制のワンプール制が、これから必要ではないかと思っています。

部門ごとに固まりますと、どうしても組織が縦割りになり、情報の共有化と情報の厚みができにくくなります。

ワンプール制は、サービス業には、向いているのかな？　とも思います。

＊ワンプール制……コンサルティング・ファームにありがちな業種別組織ではなく、コンサルタントが五〇〇人いれば、五〇〇人が同じ部署に所属するシステムです。他業種と連携でき、特定の部門に詳しくなることがメリットと言えます。（ネットより）

ベイカレント・コンサルティングは、ワンプール制を採用するなど特徴的なビジネスモデルで爆発的に成長しています。

Ⅲ．境がなくなる

コンサル→業種

異業種との競合が激化する理由

「取引先にソリューションを提供するという商社のビジネスが奪われる」

アクセンチュアの急拡大に、伊藤忠が危機感を持っているといいます。

第3章
今なぜCFOか?

1 私（本郷）のＣＦＯ思考：「金庫番」から「経営者」の一角へ

▼一人のスターが流れを変えさせる

一人の人物が、時代の流れを変えさせることが、しばしばあります。

私は、ＣＦＯの重要性を世間的に認知させたのは、前述した徳成旨亮氏の一冊の本『ＣＦＯ思考』だと思っています。

私もその本をかじりましたが、新鮮で久しぶりにわくわくして読みました。

そこで、Ｃスイート（ＣＥＯ、ＣＯＯ、ＣＦＯ）が経営の三羽ガラス（トップスリー）と言われているのを知りました。

バランスシートエコノミーの時代で、ファイナンス力が企業に求められる時代です。

経営ができるＣＦＯの養成が急務な時代になりました。

CFO

▼「CFOからトップ就任　当たり前の時代に」

最高財務責任者（CFO）が対外交渉や戦略策定の要になりつつあるという経営雑誌の特集が組まれるほどになりました「特集　闘うCFO　金庫番から改革の最前線へ」（『日経ビジネス』、二〇二四年五月一三日号、日経BP）。

CFOは、企業価値を戦略的に伸ばす能力が必須となったのですが、残念なことはCFOの役割を担える人材の絶対的不足です。

現に、IPOを目指す企業での人材不足が深刻化しています。

▼「「修羅場と社外」がCFOの必須条件」

同特集の中で松田千恵子氏（東京都立大学大学院教授）は、以下のように、CFOの必須条件を挙げています。

Ⅰ．経営の観点から数字が分かる

Ⅱ．修羅場の経験がある

Ⅲ．会社を外から見た経験がある

▼会計人に期待

我田引水の気がしますが、私は、将来のＣＦＯは、会計人が最適ではないかと思っています。

まず、会計を知っているのは強みです。

私も会計事務所の経営者のはしくれでしたが、数字を読めてホントに助かりました。

私が営業出身者だったら、かえって、経営判断が難しかったような気がします。

昔、私の若いころ、「経理出身者がトップの会社は成長しない」という伝説？　がありました。単なる金庫番でしたらそうでしょうが、経理畑だから成長戦略がないというわけではありません。

今年、ＣＦＯ養成講座を始めます。

会計人から、尖ったＣＦＯを作りたいということが、私の最近の大きな目標の一つです。

2 CFOカテゴリー別役割

私はCFOを三分類に分けて考えています。

Ⅰ．上場会社

IR（企業価値創造）、資本調達、M&A（資金調達）、これがCFOの役割です。

企業価値向上を自らの責務とする、つまり、時価総額を上げるためには、親でも売る（冗談です）ぐらいの気概が欲しい。

海外を渡り歩き、機関投資家に売り込み、上場したら、少なくとも時価総額一〇〇〇億円以上を目指す気持ち、そして、それを持ち続ける気持ちが大切です。

グロース市場を出発点とする会社をサポートする存在になって欲しい。

上場は目指したが、グロース市場で低迷している会社や終着駅化の会社が多い中で、成長を続ける会社の中心にCFOがいる、こんなイメージかな？

▼M&Aが本業の会社？　GENDA社に見るCFOそのものの経営

株式会社GENDAは、ゴールドマン・サックス出身者が率いる「ゲームセンター企業」です（推し活＊向けの専門店）。

ゲームセンターをバンバンM&Aする（逆にM&Aしかしない）特異な会社で、時価総額も一〇〇〇億円以上です。

この会社のCFOは、「M&Aのためのソーシング、資金調達」がメインの仕事です。

＊推し活……自分のイチオシを決めて、応援する活動全般を指します。元々は、熱狂的なアイドルファンが自分の好きなアイドルを「推し」と呼んだことが、推し活の始まりです。（ネットより）

▼M&Aのキモは CFO

ＪＴ（日本たばこ産業）は、最大級規模のＭ＆Ａを成功させてきたＭ＆Ａの先駆けです。

その中心人物は、同社元副社長の新貝康司氏です。

昔、その方の講演を聞いたことがありますが、「Ｍ＆Ａの成否のポイントは、ＣＦＯだ」と話していたことを、今でも覚えています。

Ⅱ．スタートアップ企業

このジャンルのＣＦＯは、一番多岐にわたります。

それこそ、小間使いから経営まで、幅広い業務内容です。

私は、スタートアップ企業で、ＩＰＯを目指す会社であれば、

ＣＥＯの役割…マーケティング、営業全般
ＣＦＯの役割…バックオフィス全般

と考えています。

ＩＰＯや規模の拡大を目指すベンチャー企業のＣＦＯは、「デッド&エクイティ（Debt&Equity）、借入と資本調達」の両面を担当しなければなりません。

図6　借入と資本調達の特徴

	特徴
借入	①調達コストが低い ②調達が難しい （特にスタートアップ企業）
資本調達	①資本コストが重くなる ②業績次第では創業者がクビになる （経営権は株主次第）

資本政策策定も、当然不可欠なスキルです。

最近金融が緩んでいるせいか、安易に資金調達をしているベンチャー企業も多く見られます。

極端に言いますと、資本金という名の「寄付」なんて揶揄されかねない調達をしている会社もあります。

（ア）成長の壁を乗り越えるのはＣＦＯ次第

メルカリが「日本市場の資金不足で「死の谷＊」で悩んでいる」「日本市場は、資金が調達できない」

まさに、日本が金融で負けているという様相を聞いたことがあります。

このことを聞いて考えました。

あのメルカリでさえ、資金不足で、アメリカ市場でのレイオフを敢行し、従業員を半分にしました。

スタートアップ企業は、しばしば資金不足に陥ります。成長の壁は、資金というケースがよくあります。

この時が、ＣＦＯの腕の振るいどころです。ＣＦＯの優劣によって、企業の運命が決まります。

＊死の谷……事業化をバージョンアップするためのシードマネーの不足。

（イ）資本政策

資本政策は、ＣＦＯのもっとも重要な仕事の一つです。

特に資金を多く必要とするＩＴ等の事業は、多額な外部調達（ＶＣ、ファンド等）をしなければなりませんから、相対的に創業者等の持ち株比率が下がり、いざＩＰＯをしてみると、創業者から、「持ち分が少ない」「お前（ＣＦＯ）のせいだ」なんて言われることが多くあります。

事業は、ストーリー通りにはいきません。

しかも、いざＩＰＯをしても、時価総額もたいしてつかない会社が山ほどあります。

私は、ＩＰＯを目指している会社には、「せめて時価総額一〇〇〇億円を目指せ」とはっぱをかけています。

言う方は、ラクですものね（笑）。

（ウ）私の経験

私もゼロスタートから始めました。

でも、幸い死の谷もダーウィンの海＊も経験しませんでした。

私が優秀というより、業種が良かったのかなと思っています。

当時、会計業界は事業化を目指す事務所が少なく、しかも設備投資は、家賃、机、パソコンだけですから、金が要りません。

ただ、人が採れず、定着せず、人の問題が一番の関門でしたね。私の場合、一人やめたら、二人採ることを心がけました。

採算は考えませんでしたね。

それにしても、今のＩＴ産業はホントに金がかかり、しかもうかうかしているとすぐ新規参入があります。

ですから、ＣＦＯの一層の要請と需要が高まるのは必然です。

＊ダーウィンの海……事業化のフェーズで、様々な障害、ライバルとの競争を言います。

Ⅲ．中堅中小企業→ＰＬの財務面のサポート、ＢＳで稼ぐ（運用）

これからは、私は、インベストメントができるＣＦＯが必要かなと思っています。ＰＬの財務面のサポートだけでなく、ＢＳで稼ぐ（運用）こそが、特に中堅中小企業は必要です。

企業規模によっては、自前でＣＦＯを持たなくとも、外注化しても大丈夫です。

でもそのためには、中堅中小の社長は、社長脳をＰＬ脳だけでなく、ＢＳ脳にも切り替えることが大切です。

トップ→ファイナンス脳に切り替える
→金持ちの脳に切り替える
→増やす文化を作る

第4章
CFOのスキルとは?

1 基礎スキル

▼財務三表の理解

まず、スキルの第一は、財務三表と呼ばれる「貸借対照表（ＢＳ）、損益計算書（ＰＬ）、キャッシュフロー計算書」の三つで、これを理解できなければ、はじまりません。

▼ファイナンス

これも、重要なＣＦＯスキルの一つです。

▼経営マインド

でも、将来一番重要なＣＦＯのスキルになるのは、なんといっても経営マインドです。従来の金庫番では、これからのＣＦＯは務まりません。

経営者マインドとリーダーシップは、不可欠です。

理想的には、数字が読め、経営の意思決定ができるＣＦＯがベストですが……。

私の夢は、会計人の多くを、経営ができるＣＦＯへと養成することです。

不遜ですが、頑張ります。

次に財務三表、ファイナンスをそれぞれ説明します。

ここではアバウトな説明ですみません。

別途『ＣＦＯ読本（仮題）』として、ＣＦＯの教科書を書く予定です。

▼貸借対照表（BS）、損益計算書（PL）、キャッシュフロー計算書

この三つの諸表を読む訓練が、ＣＦＯには不可欠です。

私は個人的には、キャッシュフロー計算書もさることながら、資金運用表の方が、キャッシュの行方がわかりやすいと考えているので、この項では、資金運用表を説明します。

▼貸借対照表（バランスシート）戦略ができる

要するに、バランスシートで稼げるＣＦＯです。

金融経済を見据えて、どう投資をすればいいのか？　レバレッジの判断、何に投資したらいいか？　その情報力もキモですね。

▼バランス感覚

損益計算書（ＰＬ）は過去計算と言われています。ＰＬだけを見て、使えるお金がないのに、あると錯覚して使ってしまう、こんなミスもします。

一方ファイナンスは、未来を見ると言われています。

でも、未来ばかり見ていては、ずっこけかねません。

現在を見て、未来を見る――その合わせ技が大切です。
両者の組み合わせで、もっと現実的な企業戦略の絵が描けるのではないでしょうか？

▼ＰＬ（損益計算書）

極端に言いますと、私は、ＰＬのボトムラインはトントンでいいと思っています。

利益は、ＢＳ運用で稼ぐ「当期利益＝運用益」でいいのではないか？

ホントにそう思っています。

トップライン（売り上げ）は、もちろん成長指向です。毎年売り上げを伸ばすのは当然です。そして、粗利（付加価値）は高ければ高い方がいい。その粗利は、ＤＸ投資と従業員の報酬に分配する。

人手不足です。でも高い報酬を提示すれば、人は来ます。

しかも、いい人材、モチベーションの高い人材が働きやすい環境整備、組織風土の醸成はトップの役割です。

人の採用は、もうトップマターです。特にスタートアップ企業は、ＣＦＯもこの一翼を担いますね。

私が考えるＰＬは、図７のようなイメージです。

図７　私の考えるPL

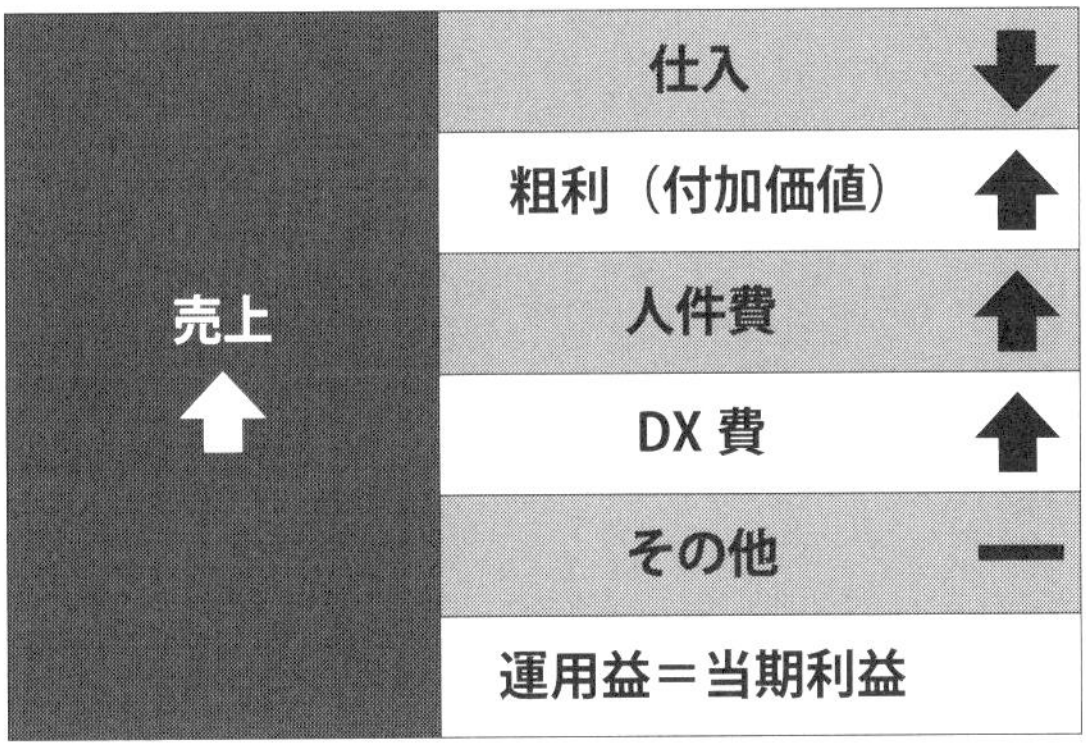

▼キャッシュフロー↓勘定合って銭足らずの状態にならないために！

企業は、現金がなければ一日たりとも生きられません。すばらしいボトムライン（利益）を保持していてもです。

その利益を現金化しなければ、黒字倒産ということもあり得ます。

▼バランスシートを理解する↓利はもとにあり！　ＢＳで稼げ！

損益計算書（ＰＬ）は、現在の会社の状況、稼ぐ力を表しています。

一方、バランスシートは、今会社が何を所有しているかを表し、将来のキャッシュフローを予測させます。

これが、一般的なＰＬとＢＳの説明でした。

でも私は、これからは稼ぐ力も、ＢＳ次第だと思っています。

B/S
B/S

Ⅰ．ＢＳの推進力は、運用力

極端なことを言います。世間的にすばらしい会社と言われるのは、自己資本比率の高い会社です。金融機関や機関投資家からは、評価が金メダルの会社です。

でも、投資をする場合、自己資本が一番コスト高になります。

これだけ金がゆるみ、外部調達が容易になり、しかも、低金利が続いている状況では、私は、借入（レバレッジ）が投資のキモだと思っています（日本は金利のある国になったと、金利を心配する向きもありますが、私は、上がってもそんなに悪影響はないと思っています。投資への悪影響は、金融の極端な引き締めです。私はそれはないと思っていますが、行政が逆上して、やるリスクは百に一つはあるかもしれません。その時はごめんなさい）。

図 8　私の考える BS

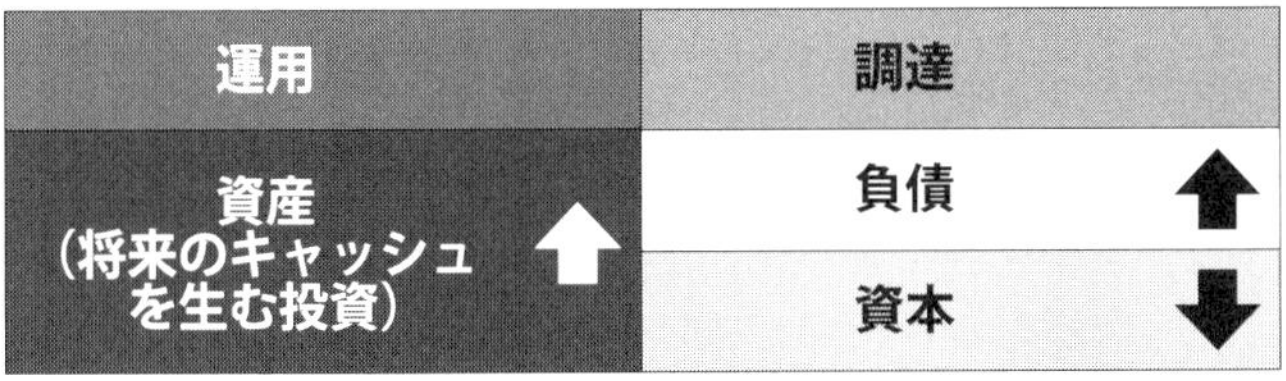
運用
調達
資産
（将来のキャッシュを生む投資）
負債
資本

Ⅱ．利は元にある

図９を参照してください。

ＰＬを左回転させるとＢＳになります。ＢＳの運用力は仕入れ（調達）次第です。

極端に言えば、レバレッジ次第です。

リスクとレバレッジの案配、これはＣＦＯの腕と情報力次第かな？

図９　BSの仕組み（PLを左回転するとBS）

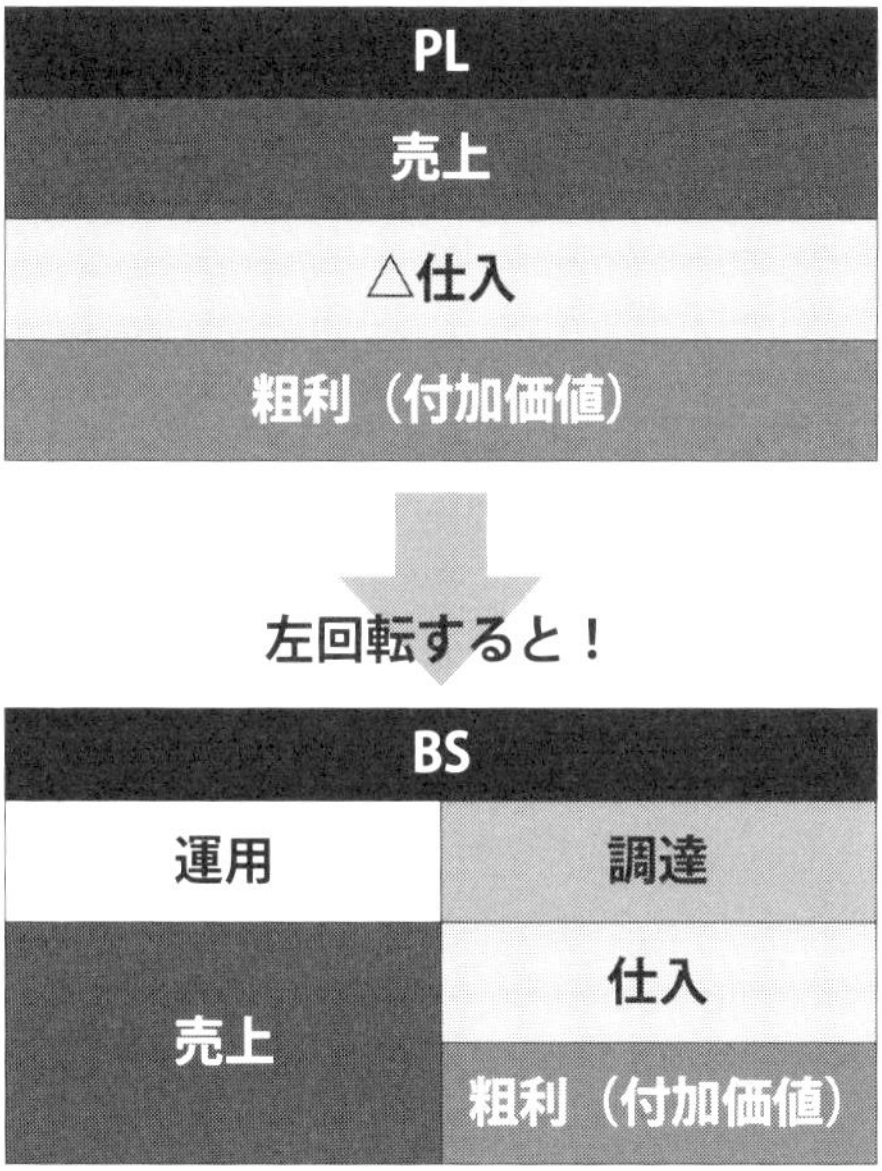

2 資金運用表の理解

▼金の流れがよくわかる

最近は、使っている人が少ないようですが、私が若い時習った資金運用表から資金の流れがよくわかります。

企業は、キャッシュフロー計算書の作成を義務づけられていますが、私には、正直わかりにくい。

よほど、この資金運用表の方が、キャッシュフローがわかります。資金運用表では、資産、負債の各項ごとに増減を比較することで、お金がどこに消えたか、どこに流れたかよくわかります。

資金運用表を簡単に説明すると、企業や個人が一定期間にどのようにお金（資金）を使い、どのように調達したかをまとめた表です。資金の流れを明確にすることで、お金の使い道やどのように資金を確保したかが一目でわかるようになっています。もっと簡単に言うと、「どこからお金が来て、どこに使われたか」を整理したものです。

例えば、ある期間に銀行から一〇〇万円借りて（調達）、そのうち五〇万円で新しい機械を買い、残りの五〇万円で従業員の給料を払った場合、このように記載されます。

・調達：銀行からの借入　一〇〇万円
・運用：機械購入　五〇万円、従業員の給料　五〇万円

昔、利益が出て、納税資金が足りないケースが、度々ありました。

「勘定合って銭足らず」とよく言われました。

そういう場合は大体、売掛金滞留とか在庫の増加で現金が足りない、というケースでしたね。そして大抵社長が税理士に怒るんです。「金がないのは、お前のせいだ」みたいに。ホントは税理士のせいではないんですが……（笑）。

でも、若い税理士は、その説明ができず、オロオロするケースもありましたね。でも、資金運用表を活用すると資金の流れがよくわかります。

図 10　資金運用表の具体例（悪い会社の例です（笑））

基礎データ　（単位：百万円）

当期 BS

現預金	100	買掛金	100
売掛金	150	借入金	200
棚卸資産（在庫）	200	自己資金	300
固定資産	150		
	600		600

増減表（当期 BS－前期 BS）

売掛金	50	現金	100
棚卸資産	100	借入金	100
固定資産	50		0
	200		200

前期 BS

現預金	200	買掛金	100
売掛金	100	借入金	100
棚卸資産（在庫）	100	自己資金	300
固定資産	100		
	500		500

その他

配当金	50	減価償却	50
		当期利益	100
		法人税充当	△30
		税引後利益	70

資金運用表　（単位：百万円）

運用（使途）		調達	
売掛　増	50	現預金　減	100
棚卸　増	100	借入金　増	100
固定資産　増	100	税引後利益	70
配当金	50	法人税充当	30
	300		300

3 ファイナンス

ファイナンスとは、企業価値最大化の手法です。資金を調達し、それを最大限に活用し、将来のキャッシュを生むのが、ファイナンスです。

CFOとしては、自社が今なんぼ！　ということを、絶えず認識する必要があります。

ファイナンスは、コーポレートファイナンス＊1（企業の資金調達から返済まで）と投資をするインベストメント＊2の二つがあります。

＊1 コーポレートファイナンス……企業価値を最大化することを目的として、資金を調達し、事業に投資し、調達元に資金の返済や還元をしていく活動のことです。

＊2 インベストメント……投資資金を調達することです。（ネットより）

詳しくは、前述した『ＣＦＯ読本』で書きますが、ここでは、その企業価値を生む「企業価値評価」について説明します。

▼企業価値評価　デューデリジェンス（Due Diligence）／バリュエーション（Valuation）

デューデリジェンスやバリュエーションの手法を使って自社の企業価値、リスク等を詳しく把握する必要性は大きいです。

その企業価値を評価する技術は、ＣＦＯの不可欠なスキルの一つです。

▼ＤＣＦ法の理解

一つの標準的手法にＤＣＦ（Discounted Cash Flow）法があります。ＤＣＦ法は「企業が将来獲得すると期待されるフリーキャッシュフローの金額を、リスクや資本コストを考慮して現在価値に割り引いて、その合計額を事業価値または、企業価値とするもの」です。

図 11　DCF 法の計算例（割引率 10%の場合）

	計画 1 期	計画 2 期	計画 3 期	計画 3 期以降
獲得フリーキャッシュ	100	120	140	
原価係数（割引計算）	0.909	0.826	0.751	
現在価値	91	99	105	
継続価値				1,050

合計（事業価値または企業価値）

1,345

4 先を見る「インベストメント」のスキル

▼目指せ稼げるＣＦＯ

これからのＣＦＯは、バランスシートの運用で稼ぐスキルが必要です。バランスシートのフル回転です。

しばしば話しているように、Ｍ＆Ａは、成長戦略です。方向性、情報力、度胸、これらは財務戦略で可能です。

一方、企業価値は、将来のキャッシュフローに関わりますから、これを見据えた運用戦略も重要です。

これだって情報力です。

・年次計画は、バランスシートの予測も作成する

・バランスシートを二つ作る

通常のＢＳと運用のＢＳです。

これを作成しますと、ＢＳでどれだけ稼いだかがわかります。

損したかも一目瞭然です。

【弊社の取り組みと課題（あとがきに代えて）】

私の数年来の課題は以下のものでした。

・対面ビジネスだけでなく、ネットビジネスを成長させる
↓リモート顧問の拡大、ネット受注の拡大
・金融経済への対応、相続税の申告だけでなく資産運用のお手伝い
↓ファミリーオフィス業務の開始
・リーダーの養成
そして、
・ＣＦＯの養成

以上、順に説明してみます。

▼対面ビジネスだけでなく、ネットビジネスを成長させる
↓リモート顧問の拡大、ネット受注の拡大

ネット受注から関与形態まで、一気通貫で関与するモデル（リモート顧問）を始めてから、もう四、五年になりますかね。

たしか、コロナ前に始めて、コロナは追い風になりました。

目標は、既存の顧問先と同等（約二万社）を目指していますが、まだ道半ばにも到達していません。

四〇年たって二万社ですから、ネットは四年でやれと無茶なことを言っていますが（笑）。

また、別の問題で、どうしても報酬が安くなります。採算性を考えると言うほど簡単ではありません。

ネットは限りなくゼロ、永遠のゼロにまっしぐらです。

チャールズ・シュワブは、アメリカのテキサス州に本社を置く、一九七一年創業のオンライン取引を中核とする証券会社です。一時期大変な勢いでしたが、失速してしまいました。

日本のネット証券も、対面との合わせ技を志向してきています。

▼金融経済への対応、相続税の申告だけでなく資産運用のお手伝い

↓ファミリーオフィス業務の開始

これも、弊社の中核にしようとトライしていますが、スタッフの申告脳を運用脳に切り替えるのは、相当大変です（笑）。

どうも私のライフワークになってきました。

Ⅰ．資産の入り口から出口までのサポート

「資産を増やす」ためには、長期にわたってひたすら買い続ける！

これに尽きます。

基本的には、「長期、定額、継続（分散）」。

〝JUST KEEP BUYING＊〟という言葉があります。

＊JUST KEEP BUYING……金持ちになるためにもっとも重要なことは、収益を生み出す様々な資産（株式、債券、不動産など）を継続的に購入すること。例えば過去二〇四年間での米国株の実質リターンは平均で年率六・八パーセントです。着手は、早ければ早いほどグッドです。（『JUST KEEP BUYING　自動的に富が増え続ける「お金」と「時間」の法則』、ニック・マジューリ著、児島修翻訳、二〇二三年、ダイヤモンド社）。

Ⅱ．守るもサポート

スムーズな、資産継承のお手伝いです。

単純に言いますと、以下を防げれば成功です。

・たわけ者（田分け）
・相続父さん（倒産）

▼リーダーの養成

私の思い込みがあります。

・サービス業は伸びしろが大
・サービス業の成否は、リーダー次第

ここ何年間は、リーダーの養成が喫緊の課題です。
リーダー塾を設けて、研修と実践の合わせ技で取り組んでいますが、やらないよりはマシですね。

少しずつ芽が出てきつつあります。

▼ＣＦＯの養成

まさにこの本のテーマですが、私個人的には、会計人からＣＦＯを養成したいと思っています。

現在、その組織を準備中で、これも私の大きな課題の一つになりそうです。

参考文献【順不同】

・『CFO思考　日本企業最大の「欠落」とその処方箋』（徳成旨亮著、二〇二三年、ダイヤモンド社）

・「米金融所得最高 五四〇兆円　日本の四〇倍 消費を下支え　利子収入 伸び大きく」（斉藤雄太著、『日本経済新聞』、二〇二四年八月二三日朝刊）

・「ベネッセHDやスノーピークなども　ファンドが仕掛ける非上場ブーム」（『日経ビジネス』、二〇二四年五月十四日・二〇日合併号、日経BP）

・「学者が斬る・視点争点　転入超で独り勝ち続く東京」（松浦司著、『週刊エコノミスト』、二〇二四年五月一四日・二一日合併号、毎日新聞出版）

・「使い切れないなら「相続」「贈与」　資産を子に残す最適解」（小林義崇著、『週刊東洋経済』、二〇二四年四月二七日・五月四日合併号、東洋経済新報社）

・『物価変動の未来　人口と社会の先を見晴らす』（平山賢一著、二〇二三年、東峰書房）

・「未来をつくる「思考の転換」　可能性を最大化するテクノロジーとの向き合い方」（『週刊東洋経済』、二〇二四年五月一八日号、東洋経済新報社）

・「異次元緩和の一〇年　評価と課題」（中里透著、『景気とサイクル』、第七六号、二〇二三年、景気循環学会）

・「デジタル覇権主義の行方　「マーケット主導の米国モデルは限界に」」（『週刊東洋経済』、二〇二三年一二月二三日・三〇日合併号、東洋経済新報社）

・「「投資敗戦国」を返上せよ　霞が関、史上最大の作戦の舞台裏」（『日経ビジネス』、二〇二四年一月一五日号、日経BP）

・「学者が斬る・視点争点　新事業を成功させる意外な突破口」（岸本太一著、『週刊エコノミスト』、二〇二四年六月二五日号、毎日新聞出版）
・『パンどろぼう』（柴田ケイコ著、二〇二〇年、KADOKAWA）
・「特集 コンサル大解剖」（『週刊ダイヤモンド』、二〇二四年六月二二日号、ダイヤモンド社）
・『戦略本社のマネジメント　多角化戦略と組織構造の再検討』（上野恭裕著、二〇一一年、白桃書房）
・「特集 戦うCFO　金庫番から改革の最前線へ」（『日経ビジネス』、二〇二四年五月一三日号、日経BP）
・『JUST KEEP BUYING　自動的に富が増え続ける「お金」と「時間」の法則』（ニック・マジューリ著、児島修翻訳、二〇二三年、ダイヤモンド社）
・『財務とは何か』（チャック・クレマー他著、菊田良治訳、二〇〇一年、日経BP）
・『中小・ベンチャー企業CFOの教科書』（高森厚太郎著、二〇二〇年、中央経済社）

（敬称略）

＜著者プロフィール＞

本郷孔洋（ほんごう よしひろ）

公認会計士・税理士

辻・本郷 グループ会長。

早稲田大学第一政経学部卒業、同大学大学院商学研究科修士課程修了。公認会計士登録。

2002年4月に辻・本郷 税理士法人を設立し、理事長として国内最大規模を誇る税理士法人へと育て上げる。会計の専門家として、会計税務に携わって半世紀、各界の経営者・起業家・著名人との交流を持つ。2016年より現職。

東京大学講師、東京理科大学講師、神奈川大学中小企業経営経理研究所客員教授を歴任。「税務から離れるな、税務にこだわるな」をモットーに、自身の強みである専門知識、執筆力、話術を活かし、税務・経営戦略などの分野で精力的に執筆活動をしている。

近著に『ほんごうの経営ノート2024』『資産を作る！資産を増やす！資産を継承させる！』（いずれも東峰書房）ほか著書多数。

ほんごうの経営ノート 2025

CFO の時代の到来！

2025 年 2 月 26 日　初版第 1 刷発行

著　者　本郷孔洋
発行者　鏡渕 敬
発行所　株式会社 東峰書房
〒 160-0022 東京都新宿区新宿 4-2-20
電話　03-3261-3136　FAX　03-6682-5979
https://tohoshobo.info/

装幀・デザイン　塩飽晴海
イラスト　和田香織
印刷・製本　株式会社 シナノパブリッシングプレス

ISBN 978-4-88592-241-1　C0034
Printed in Japan